AF410990

LE
CRÉDIT AU TRAVAIL

ET LES

ASSOCIATIONS OUVRIÈRES

EN ALLEMAGNE

RAPPORT DE M. SCHULZE-DELITSCH

POUR L'ANNÉE 1863

LYON

IMPRIMERIE ADMINISTRATIVE DE CHANOINE

PLACE DE LA CHARITÉ, 10

1864

LE

CRÉDIT AU TRAVAIL

ET LES

ASSOCIATIONS EN ALLEMAGNE

En France, où les associations ouvrières sont encore si rares ou d'institution si récente, nous ne pouvons connaître que très-imparfaitement les avantages pratiques de la solidarité et de la mutualité. En Allemagne, au contraire, cette terre classique de l'association, ces avantages apparaissent chaque jour de plus en plus clairement à tous les yeux : aussi est-ce dans l'étude des résultats obtenus par les sociétés populaires de l'Allemagne que nous devons chercher le spectacle instructif des bienfaits que peut procurer ce genre d'institutions. Rien de plus propre à nous édifier à cet égard qu'une lecture attentive du dernier rapport de M. Schulze-Delitsch, le propagateur de l'idée sociale en Allemagne, l'infatigable champion des associations solidaires. Ce remarquable travail, qui a pour titre *Rapport annuel, pour l'année 1863, sur les sociétés allemandes de production et de consommation basées sur le principe de l'aide par soi-méme,* peut donner une idée complète du mouvement économique qui s'opère dans le sens des institutions nouvelles, non-seulement en Allemagne, mais pour ainsi dire dans le monde civilisé tout entier.

Nous donnons ici la traduction de ce travail, en nous permettant toutefois d'y apporter quelques modifications de détail, d'y introduire quelques additions et quelques coupures dans l'intérêt de l'ordre, de la clarté et de l'instruction du lecteur.

Dans l'état actuel des idées, au milieu des préoccupations sociales et économiques qui surgissent de toutes parts, un pareil document nous semble bien fait pour intéresser tous les esprits sérieux. Avec sa simplicité, qui n'est pas dénuée de grandeur, cet exposé est en effet le véritable bulletin de la grande armée des travailleurs, il nous donne la solution de l'un des plus graves, du plus grave peut-être de tous les problèmes soulevés dans notre temps si fécond en problèmes de tous genres. Les saines notions dont il abonde, toutes basées sur l'expérience et les faits accomplis, nous semblent destinées à devenir en quelque sorte les dogmes du socialisme pratique, les axiomes de la véritable science économique.

E. FLOTARD,
Docteur en droit.

RAPPORT DE M. SCHULZE-DELITSCH

I

DES ASSOCIATIONS EN GÉNÉRAL.

Le progrès des associations dans le cours de l'exercice écoulé a suivi en Allemagne une marche constante et assurée. Ces institutions ont même franchi les limites de notre pays. En effet, depuis quelques années on s'occupe d'introduire en France nos banques populaires ; l'on vient notamment d'établir à Paris une *Société du crédit au travail* (la banque Beluze et Cie), destinée à provoquer la formation d'associations locales. Dans ce pays de centralisation, le mouvement s'opère donc, comme d'ordinaire, du centre aux extrémités, et non des extrémités au centre, comme en Allemagne.

En Italie et en Belgique, les essais qui se multiplient paraissent suivre une marche inverse. Dans le premier de ces pays, où le professeur Vigano, de Milan, et avant lui M. Martinengo, de Cuneo (Piémont) avaient par leurs ouvrages répandu parmi leurs compatriotes les idées économiques que nous soutenons, le zèle le plus actif se manifeste de toutes parts et prouve que l'on comprend la nécessité de baser la renaissance politique de l'Italie sur le seul fondement social vraiment solide, à savoir une classe moyenne et une classe ouvrière aisées et pénétrées de principes économiques sains et féconds.

En Belgique, on commence, conformément à nos idées, par organiser des banques populaires locales. La première a été établie à Liége en mai dernier. Ses fondateurs, MM. Léon d'Andrimont et Poulet, ont assisté à l'assemblée des sociétés de la Prusse rhénane et de Westphalie, tenue à Créfeld au mois de juin, et ont pris le plus vif intérêt aux délibérations.

Tandis que nous pouvons prédire un rapide développement aux établissements de crédit fondés dans ces divers pays et basés sur les besoins ainsi que sur les progrès intellectuels et moraux des classes ouvrières, l'impulsion donnée par l'Allemagne se fait sentir bien plus loin et jusque dans des contrées où de pareilles institutions ne peuvent apparaître que comme des exceptions isolées, vu l'état de leur industrie et de leur civilisation.

C'est ainsi qu'à Alexandrie en Egypte, grâce à l'impulsion donnée par un économiste distingué, M. E. Horn, grâce aussi au concours d'un fonctionnaire de haut rang, Colucci-Bey, il vient de s'établir une association de crédit entre les ouvriers étrangers fixés dans cette ville. Le vice-roi lui-même a offert à la nouvelle banque populaire un crédit d'un million de francs, qui a été refusé comme contraire aux principes de l'institution.

La Russie elle-même n'est point restée étrangère au grand mouvement économique dont nous sommes à la fois les acteurs et les témoins ; il s'est surtout manifesté dans les villes maritimes des provinces orientales où la population est en grande partie allemande. A Riga, il existe depuis 1862 une caisse d'avances pour les ouvriers, ainsi qu'une association des menuisiers, ébénistes et fabricants d'instruments de musique pour l'achat des matières premières et pour l'établissement d'un magasin de vente des produits de leur industrie. L'auteur de ce rapport a même reçu en juin dernier, des bords de la mer Noire, les projets de statuts d'une banque d'avances, que les Allemands établis à Odessa ont le dessein de fonder dans cette ville.

Dans l'Allemagne même, le mouvement social a fait de grands progrès ; il s'est développé simultanément en étendue et en profondeur.

Dans le rapport de l'année dernière, le nombre des sociétés, d'après les listes dressées par nous, était de :

     511 sociétés d'avances et de crédit.
     148 sociétés de production ou d'achat de matières premières.
     41 sociétés de consommation.

Total. 700 sociétés.

Dans le cours du dernier exercice, l'accroissement a été considérable, puisque les chiffres actuels sont les suivants :

     662 sociétés d'avances et de crédit.
     172 sociétés de production, etc.
     66 sociétés de consommation.

Total. 900 sociétés.

Cependant, comme les rapports de plusieurs sociétés ne nous sont pas encore parvenus, comme chaque jour voit s'établir de nouvelles associations, nous ne croyons pas exagérer en estimant approximativement le nombre des sociétés existantes d'après les chiffres suivants :

700 sociétés d'avances et de crédit.
250 sociétés de production.
200 sociétés de consommation.

Soit en tout . 1,150 sociétés.

Il faudrait, pour être dans le vrai, y joindre un nombre assez considérable (120 à 150 pour le moins) de sociétés de secours mutuels en cas de maladie, de caisses de retraites pour la vieillesse, et d'associations pour la construction d'habitations ouvrières, les unes et les autres uniquement fondées par des ouvriers réduits à leurs seules ressources. Ces dernières espèces de sociétés forment certainement des rameaux importants du grand arbre de l'association ouvrière, mais leurs opérations ont besoin d'être étudiées attentivement pendant un certain temps, avant qu'il soit possible de constater d'une manière certaine et de publier les résultats de leur féconde activité. Jusqu'à ce jour, l'auteur de ce rapport n'a pu que très-imparfaitement les connaître, parce qu'elles ne se rattachent pas au syndicat dont il sera question ci-après.

Le chiffre total des opérations faites par les trois classes principales d'associations indiquées ci-dessus peut être sûrement évalué à 40 millions de thalers (cent cinquante millions de francs environ) pour l'année 1863. Elles avaient à leur disposition un capital de 12 à 14 millions de thalers (50 millions de francs), sur lequel deux millions et 1/2 au moins (10 millions de francs) leur appartenaient, le reste leur avait été confié par le crédit. Le nombre des membres s'élève approximativement à 200,000.

II

DE L'ALLIANCE OU UNION GÉNÉRALE DES ASSOCIATIONS.

Ces résultats si favorables, particulièrement la solidité de plus en plus grande que nous constatons, à très-peu d'exceptions près, dans toutes nos sociétés, sont dus à l'habileté croissante des comités directeurs, mais surtout à l'organisation toujours plus perfectionnée de tout le mouvement. Grâce à l'alliance qu'elles ont contractée, il a été possible aux sociétés de réunir leurs forces pour la défense de leurs intérêts communs, de rendre leurs relations mutuelles plus faciles, de se communiquer les résultats de leur expérience, de se soutenir les unes les autres, et d'éviter mainte faute.

L'indépendance de chaque société est néanmoins demeurée inviolable ; jamais aucune condition n'a été imposée à aucune d'elles, et l'influence exercée sur elles a toujours été le résultat d'une délibération commune ou de l'autorité librement reconnue du talent et de l'expérience. Exposons en peu de mots cette organisation telle qu'elle est naturellement résultée des besoins de l'association, alors que déjà plusieurs centaines de sociétés, n'ayant entre elles d'autre intermédiaire que la personne et les écrits de l'auteur de ce rapport, étaient déjà en pleine activité.

En vertu d'une déclaration formelle, il s'est formé une alliance qui remet la défense et la représentation des intérêts communs à un syndic librement élu (actuellement M. Schulze-Delitsch), et recevant un appointement fixe.

Le syndic est assisté d'un comité central, formé de délégués des sociétés, qui se rassemble tous les ans et décide souverainement les questions générales les plus importantes.

L'autorité centrale communique avec les diverses sociétés par l'intermédiaire d'unions locales ou provinciales qui embrassent les sociétés d'un Etat allemand ou d'une province ou district représentant le groupement d'un certain nombre de sociétés, et formé selon les besoins et les convenances de l'alliance.

Les intérêts particuliers de ces unions sont confiés à des conseils composés des députés des associations; ces conseils sont en rapport constant avec le syndicat et le comité central, dont ils préparent

les délibérations et les arrêtés, pour en faciliter ensuite l'exécution dans leur district ; la direction des
affaires est remise au comité du chef-lieu désigné
chaque année. La création de ces conseils intermé-
diaires est de date récente, mais l'extension extraordinaire des associations en avait rendu l'établissement indispensable, si l'on ne voulait pas courir le
risque de voir échapper à l'association plusieurs
sociétés fort éloignées du pouvoir central.

Le statut organique complet de l'Alliance générale, qui doit fixer les rapports mutuels des sociétés, soit entre elles, soit avec le syndicat, ainsi que
la position et les fonctions tant du syndicat que des
unions provinciales, sera soumis cette année à l'acceptation de l'assemblée générale et réglera définitivement toute cette organisation.

Les principales attributions du syndicat placé à
la tête de l'alliance générale des associations allemandes sont les suivantes :

(a) Représentation et développement du système
des associations en général, soit dans la presse,
soit dans les congrès économiques, soit dans la vie
publique, et surtout mission de défendre les intérêts
de nos sociétés en présence de la législation des
différents Etats allemands.

(b) Mission de favoriser, soit par des conseils,
soit par des actes, la création de nouvelles sociétés,
de soutenir et de développer celles qui existent, en
leur fournissant tous les renseignements désirables

et en répondant aux questions qu'elles peuvent adresser.

(*c*) Intervention entre les différentes sociétés pour faciliter l'échange réciproque des services et des résultats de l'expérience acquise, pour établir entre elles des relations d'affaires et prendre toutes les dispositions nécessaires à la protection des intérêts communs, en réunissant toutes les forces et toutes les ressources de l'association.

(*d*) Création de ressources financières, soit au moyen du crédit des banquiers, soit au moyen de l'assistance réciproque que peuvent se prêter les sociétés lorsqu'une partie des sommes à leur disposition reste sans emploi.

En retour, chaque société affiliée au syndicat doit :

(*e*) Contribuer aux frais du syndicat en versant, chaque année, 2 0/0 du bénéfice net obtenu par la société ; ce versement ne peut être inférieur à 2 thalers, ni supérieur à 30 (de 7 fr. 50 à 112).

(*f*) Prendre à ses frais au moins un exemplaire du journal la *Corporation de l'avenir*, qui sert d'organe au syndicat.

(*g*) Se charger de l'encaissement des effets et mandats des autres sociétés contre remboursement des frais de ports, etc., et moyennant une provision de 1/6 0/0 ; cependant, d'après la décision de l'assemblée générale, cette dernière stipulation doit être prochainement abolie.

Jusqu'à présent, le syndicat a reçu les adhésions de :

322 Sociétés d'avances et de crédit.

37 Sociétés de production et d'achat des matières brutes.

13 Sociétés de consommation.

____

Total: 372

Les versements effectués en 1863 pour couvrir les frais du syndicat se sont élevés à environ 2,500 thalers (9,375 fr.), sur lesquels 1,700 ont servi à payer les appointements du syndic, ainsi qu'il résulte du compte-rendu présenté chaque année à l'assemblée générale et rendu public. Vu l'accroissement constant du nombre des sociétés affiliées, et par conséquent des recettes, il a été décidé, sur la proposition du syndic, que dorénavant une partie de la recette brute provenant des cotisations serait remise aux unions pour couvrir leurs frais et arriver ainsi à doter convenablement leurs services.

Les unions provinciales ou régionales, actuellement en activité, sont les suivantes :

(1) Union des sociétés d'avances et de crédit du royaume de Saxe ; la plus ancienne de toutes et qui a servi de modèle aux autres. Chef-lieu : Wechselburg.

(2) Union des associations économiques du Moyen-Rhin, comprenant Nassau, la Hesse rhénane, etc. Chef-lieu : Mayence.

(3) Union des associations de la Prusse rhénane et de la Westphalie, y compris Lippe et Waldeck. Chef-lieu : Dortmund.

(4) Union des sociétés silésiennes. Chef-lieu : Breslau.

(5) Union des sociétés du nord de l'Allemagne, comprenant le Mecklembourg et la Poméranie occidentale. Chef-lieu : Rostock.

(6) Union des sociétés de la Thuringe, comprenant les Etats de Thuringe et le district d'Erfurt de la province de la Saxe prussienne. Chef-lieu : Gotha.

(7) Union des sociétés du district de Merseburg de la province de la Saxe prussienne, y compris les pays d'Anhalt. Chef-lieu : Halle.

(8) Union des sociétés du district de Magdebourg, de la province de la Saxe prussienne avec le duché de Brunswick. Chef-lieu : Gardelegen.

(9) Union des sociétés de la province de Posen. Chef-lieu : Polnisch-Lissa.

(10) Union des sociétés de la Hesse supérieure. Chef-lieu : Giessen.

(11) Union des sociétés de Berlin. Comité-directeur : la caisse des prêts des quartiers 102 A.-D.

(12) Union des sociétés du cercle de Poméranie et de la Marche de Brandebourg. Chef-lieu : Schwedt.

(13) Union des sociétés de la Prusse orientale et occidentale. Chef-lieu : Kœnigsberg.

Si, dans le cours de l'année dernière, on a fait quelques nouveaux progrès dans l'organisation du mouvement, principal levier de la puissance des associations, on s'est ainsi rapproché de l'un des deux buts essentiels que l'auteur s'était proposés, et qu'il avait indiqués dans le rapport précédent.

III

LÉGISLATION RELATIVE A LA MATIÈRE.

La question si grave à la fois et si pressante de
la reconnaissance légale de nos sociétés est restée
dans le même état ; le projet de loi présenté par
l'auteur a été, il est vrai, adopté par la commission
de la chambre des députés en Prusse ; mais, malgré
toutes les assurances données, il n'a rien été fait
ni par le gouvernement prussien, ni par les gouver-
nements des autres Etats de l'Allemagne.

Voici ce projet de loi, tel qu'il est contenu dans
le compte rendu annuel des associations pour 1859 :

§ 1. Les sociétés d'avances et de crédit qui ont
pour but de satisfaire aux besoins de crédit de leurs
membres par la voie de l'association et qui, vu le
nombre illimité et le changemnt continuel de leurs
membres, ne peuvent être considérées comme des
sociétés *closes* dans le sens légal, obtiendront sous
les conditions suivantes, sans être toutefois inves-
ties des droits de corporations, et par une attestation de l'autorité locale, la légalisation de leurs
statuts, dont toutes les dispositions auront, soit
devant les tribunaux, soit ailleurs, la valeur d'actes
publics.

§ 2. Celles des sociétés ci-dessus indiquées, qui voudront obtenir la légalisation en question, devront joindre à la requête présentée à l'autorité locale, le statut original signé par les membres, ainsi que toutes les modifications et additions ultérieures; elles devront aussi accepter et observer les conditions fondamentales suivantes qui sont rigoureusement exigées :

a) Formation d'un fonds social, composé d'une réserve et de l'avoir des membres, au moyen d'une mise déterminée et des versements accumulés des membres ; pour les sociétés dont les membres se déclarent solidaires envers les créanciers de l'association, ce fonds devra égaler au moins le dixième des sommes empruntées à des étrangers; pour les autres sociétés, les sommes empruntées ne pourront dépasser le fonds social.

b) Publication du compte rendu annuel et de l'inventaire dans le délai de trois mois après la clôture de l'exercice annuel. Lors de la convocation des assemblées générales, l'ordre du jour sera, chaque fois, publié dans les feuilles publiques désignées par les statuts.

c) Maintien d'un nom social déterminé et invariable pendant toute la durée de la société.

Ces conditions une fois remplies, l'autorité locale est tenue d'accorder la légalisation ci-dessus indiquée et d'annexer au statut présenté la déclaration suivante : « Telle société, fondée en tel endroit,

sous tel nom déterminé, a présenté lesdits statuts
et a satisfait aux prescriptions de la loi actuelle. »

L'autorité n'a pas le droit de se livrer à un examen des statuts et du compte rendu annuel, en tant
que cet examen n'est pas indispensable pour constater l'existence des présentes conditions fondamentales, et elle ne peut s'immiscer dans les affaires non plus que dans l'administration de la société. La publication des modifications ultérieures
des statuts se fait simplement au moyen d'un extrait
du procès-verbal rédigé sur les résolutions de l'assemblée générale ; cet extrait doit être signé par le
comité de l'association et accompagné du journal
renfermant la convocation de l'assemblée. Si les
conditions fondamentales ci-dessus indiquées n'ont
été en rien atteintes par les nouveaux arrêtés, l'autorité doit simplement accuser réception de la communication et la renvoyer à la société, en consta-
tant qu'elle n'a aucune remarque à faire.

§ 3. Dans le cas où certaines personnes chargées
de représenter la société au dehors ne seraient pas
nommées dans les statuts, ou s'il survenait quelque
mutation dans le personnel de la gérance, une nouvelle attestation de l'autorité locale, portant « que
telle fonction a été confiée pour telle durée à une
certaine personne par une résolution de la société, »
suffit pour valider l'élection ; cette requête doit être
également accompagnée d'un extrait du procès-
verbal de la réunion, ainsi que des numéros des

feuilles renfermant la convocation ; l'élection elle-même doit être annoncée dans les feuilles publiques désignées à cet effet.

§ 4. Les gérants et les comités des sociétés sont responsables de l'accomplissement de ces formalités, de la communication des pièces et comptes rendus aux autorités, et de leur insertion dans les feuilles publiques ; toute fausse indication, en tant qu'elle n'est accompagnée d'aucun autre délit, est punie d'une amende de 5 à 20 thalers.

§ 5. Chaque société reste parfaitement libre de se soumettre aux exigences formulées dans la présente loi et de jouir ainsi des bénéfices qu'elle accorde ; toutes les sociétés qui s'y refusent seront jugées d'après les dispositions des lois existant actuellement, sans toutefois qu'on puisse apporter aucun obstacle à l'existence de ces sociétés. Il en sera de même des sociétés organisées d'après les prescriptions de la présente loi et qui s'écarteront en quelque point que ce soit des stipulations qu'elle renferme. Le retrait par l'autorité de l'attestation ci-dessus indiquée ne suspend nullement l'existence de la société, et n'a d'autre effet que de la priver de la jouissance des bénéfices accordés par la présente loi.

Dans le cas du retrait de l'attestation, l'autorité locale fera publier dans les journaux désignés par le statut et aux frais de la société, la déclaration suivante : « Telle société ne fait plus partie, à dater de ce jour, des associations légitimées par la loi du..., etc. »

Si l'une des sociétés arrive à se dissoudre complétement, le fait sera également porté par l'autorité à la connaissance du public, et cela aux frais des membres de ladite société.

IV

BANQUE CENTRALE.

Le projet de fonder une banque destinée d'une manière toute spéciale au service des associations est sur le point de se réaliser, et on peut s'attendre avec certitude à voir dans le courant de l'année fonctionner cet établissement.

Lorsqu'au début de l'affaire des duchés apparurent les premiers symptômes d'une crise sur le marché financier et que les banques se montrèrent peu disposées à accorder, même pour les placements les plus sûrs, des termes plus longs que les termes ordinaires, plusieurs banquiers qui, grâce à l'intermédiaire du syndicat, avaient ouvert des crédits réguliers à nos sociétés, témoignèrent la même hésitation. Quoique nos sociétés eussent toujours rempli ponctuellement leurs obligations, cependant on refusa de leur ouvrir de nouveaux comptes, quelques-uns même leur furent fermés ; de plus,

MM. les banquiers se plaignirent du peu d'avantages qu'ils retiraient de leurs relations avec nos sociétés dont les conditions leur semblaient trop sévères.

Nous avons déjà, dans notre dernier compte rendu, montré combien les associations doivent peu compter sur le secours de la haute banque. La prévision d'une crise imminente, dans laquelle un tel appui aurait été fort désirable pour un certain nombre de nos sociétés, surtout des plus jeunes, jointe à l'expérience déjà acquise du peu d'aide qu'on doit espérer des banques actuellement existantes, surtout dans les moments difficiles, inspira au syndic l'idée de travailler sans retard à la réalisation d'un projet depuis longtemps médité et de fonder un établissement financier, en majeure partie avec les ressources mêmes des associations et de leurs membres. Des amis, qui avaient pris part au projet d'une société de cautionnement, projet qui ne tarda pas à être abandonné, parce que les sociétés n'ont presque jamais été dans le cas de recourir à de pareils moyens, ces amis, dis-je, accueillirent les premières propositions qui leur furent faites, et se réunirent aux associations pour battre en brèche le monopole des grands capitalistes et pour satisfaire aux besoins de crédit du petit commerce, en intéressant ce dernier à leur entreprise.

Cette coopération, basée sur une communauté d'intérêts, fut acceptée avec joie. En effet, quoique la souscription de la majorité des actions dût incomber aux sociétés, il n'était cependant pas sans importance de placer le quart ou le tiers des actions par une autre voie ; aussi le fonds capital, primitivement fixé à 100, — 200,000 thalers, fut-il porté à 250,000 (937 mille francs) et divisé en 1,250 actions de 200 thalers (750 fr.); environ 600 actions ont déjà été souscrites par les sociétés, et ce nombre sera bientôt augmenté de 150 à 200 souscriptions nouvelles. Cette participation avait en outre l'avantage d'assurer la clientèle et d'augmenter les bénéfices de la future banque.

Comme la plupart de nos sociétés possèdent des capitaux suffisants et peuvent facilement obtenir dans leur entourage ceux dont elles pourraient avoir besoin, il est probable que dans quelques années leur mouvement d'affaires avec la banque ne sera pas suffisant à lui seul pour assurer à celle ci des bénéfices qui lui permettent de couvrir ses dépenses et de payer un dividende convenable, ainsi qu'il serait à désirer pour la prospérité de cette entreprise ; tous les souscripteurs et en particulier les associations sont donc intéressés à réunir le plus grand nombre possible d'adhésions, qui seront la meilleure garantie du succès, puisque les actionnaires chercheront, dans leur propre intérêt, à étendre la clientèle parmi leurs nombreuses connaissances et leurs amis. Il est du reste hors de doute que les relations avec les classes moyennes offriront les mêmes sûretés qu'avec les associations, en sorte que l'entreprise, à laquelle toute spéculation de bourse sera interdite par les statuts, présentera toutes les garanties de solidité.

Si l'émission d'un capital de 250,000 thalers ne paraît pas suffisante, il faut se dire que ce n'est là qu'un début, que cette somme suffit aux premiers besoins, et que cette limite a été posée pour ne pas avoir trop d'actionnaires étrangers et pour laisser aux sociétés le temps de grossir leurs épargnes, qu'elles viendront joindre à leur première souscription. Dans une ou deux années, lorsque la banque sera une fois entrée en fonction, il sera facile de doubler ou de tripler le capital primitif.

Le choix de la ville où la banque devait être établie, n'a pas besoin d'une longue justification. Il est évident que ce choix ne pouvait tomber que sur une des grandes places de commerce, puisque la banque ne doit pas être réduite à n'opérer qu'avec les sociétés, et qu'elle doit chercher les conditions les plus favorables à un grand mouvement d'affaires. Berlin a obtenu la préférence, non-seulement comme capitale de l'Etat qui renferme à lui seul plus de la moitié des associations, mais encore comme centre commercial de l'Allemagne du Nord; de plus, c'est dans cette ville que notre entreprise a rencontré les plus vives sympathies, en dehors du cercle des associations. Il va d'ailleurs sans dire que, pour faciliter les relations avec les sociétés plus éloignées, des agences et peut-être même des commandites seront établies dans les villes dont la situation répond le mieux à ce but; on a déjà jeté les yeux sur Leipzig, Francfort-sur-le-Mein, Elbing ou Kœnigsberg, et les démarches ont été faites pour nouer des relations avec les plus importantes maisons de banque de ces différentes villes.

Quant à la forme légale qu'il convenait de donner à cette entreprise, l'auteur n'a pas hésité un instant à se prononcer pour une société en commandite par actions. On ne pouvait songer à une corporation ou compagnie proprement dite, qui ne fait d'affaires qu'avec ses membres ; le nouvel établissement ne pouvait être qu'une société commerciale, puisqu'il est destiné à opérer avec le public, et la forme adoptée répondait à notre but mieux que toutes les autres formes admises par le code général de commerce. En effet, d'après la loi prussienne, la société en commandite par actions n'est soumise ni à l'approbation ni à la surveillance des autorités, comme c'est le cas pour les sociétés par actions proprement dites. On est ainsi débarrassé d'une immixtion importune et d'une foule de restrictions et de procédures, sans compter qu'il eût été probablement très-difficile d'obtenir une autorisation.

Cette forme offre d'ailleurs aux intéressés tous les avantages des sociétés par actions ; à sa tête se trouvent placés un ou plusieurs gérants chargés de la direction des affaires et personnellement responsables de tous les engagements de la société ; tous les autres membres, au contraire, ne sont intéressés qu'en qualité de commanditaires et responsables seulement jusqu'à concurrence des sommes par eux souscrites et qu'ils versent sous forme d'actions.

Cette limitation de la responsabilité des souscripteurs est une question vitale pour une pareille entreprise ; on comprend, en effet, que si la solidarité est la base du crédit pour les associations particulières, il est de toute impossibilité que les milliers de membres de ces associations consentent à s'engager personnellement et indéfiniment pour une banque dont la direction leur est étrangère, dont les opérations échappent à tout contrôle de leur part. Ils ne peuvent s'y intéresser que comme commanditaires en versant une somme déterminée, dont les chances de perte ne sauraient compromettre leur propre crédit ou entraîner leur ruine. Pour faciliter cette participation même aux plus petites associations et à celles qui ne font que débuter, le montant des actions a été fixé au minimum légal de 200 thalers (750 fr.), sur lesquels le premier versement ne sera que de 25 0/0, soit 50 thalers (187 fr.).

<h1 style="text-align:center">V</h1>

PUBLICITÉ.

L'extension des sociétés a eu tout naturellement pour résultat celle du journal *la Corporation de l'avenir*, organe de l'association et du syndicat dans

la presse. Ainsi que nous l'avons déjà annoncé
dans le dernier compte rendu, ce journal est publié,
à dater de cette année, par la librairie de E. Keil,
à Leipzig, et les nouveaux éditeurs ont apporté de
notables améliorations dans cette publication, dont
le prix a été réduit de 1 1/3 th. à 1 thaler (3 fr. 75).
L'accroissement du nombre des souscripteurs, qui
maintenant dépasse de beaucoup un millier, per-
mettra, il faut l'espérer, de maintenir ce prix, tout
en donnant plus de développement aux articles.
Les sociétés doivent faire leur possible pour répan-
dre cette publication, en sorte que l'éditeur et le syndicat puissent satisfaire aux désirs légitimes des
lecteurs.

VI

DES SOCIÉTÉS D'AVANCES ET DE CRÉDIT OU BANQUES POPULAIRES.

Les sociétés d'avances et de crédit occupent
toujours le premier rang parmi les associations
allemandes, non-seulement à cause de leur éton-
nante multiplication et de l'importance croissante
de leurs affaires, mais surtout à cause de l'intelligence qui préside à leur direction.

Formées des éléments les plus divers, d'artisans,
de petits marchands et même de simples ouvriers,

auxquels commencent à se joindre les classes moyennes, les employés, les instituteurs, etc., ces sociétés ont saisi, avec plus d'ardeur que toutes les autres, la tâche élevée de l'association et surtout la nécessité d'en constater les résultats par une statistique aussi exacte que possible. Aussi s'empressent-elles de seconder les efforts du syndicat en lui adressant leurs comptes rendus et en dressant des tableaux fort détaillés qui permettent de saisir d'un coup d'œil tout l'ensemble des résultats obtenus. Cependant, quoique le nombre des comptes adressés au syndicat surpasse d'une centaine celui de l'année dernière, une circonstance accidentelle a empêché qu'il ne fût aussi complet qu'il aurait dû l'être ; l'impression de ce rapport, qui jusqu'à présent se faisait au commencement d'août, a été avancée de trois semaines afin que ce travail pût être présenté à l'assemblée générale convoquée pour le milieu d'août. Aussi, n'y trouvera-t-on pas les comptes de plusieurs sociétés affiliées au syndicat, et dont le mouvement d'affaires peut être estimé au moins à un million de thalers (3 millions 750 mille francs).

Comme d'ordinaire, nous ferons précéder notre exposé financier du résumé concis des principes sur lesquels repose notre organisation et qui sont indispensables pour l'intelligence des chiffres.

Pour satisfaire aux besoins d'argent des personnes qui ne pourraient obtenir des banques ordinaires l'ouverture d'un crédit, ou qui ne l'obtiendraient qu'à des conditions fort onéreuses (comme c'est le cas ordinaire des artisans et des ouvriers), nos sociétés partent des bases suivantes :

1) Ceux qui demandent des avances doivent être membres de la société et participer aux risques comme aux bénéfices de l'entreprise.

2) Toutes les opérations s'effectuent suivant les règles du commerce ; la caisse paie un intérêt à ses créanciers et exige de ses débiteurs une commission et un escompte variables suivant la situation du marché financier.

3) Chaque membre doit verser à la caisse une certaine somme ou quote-part ; il peut se libérer immédiatement ou l'acquitter en plusieurs petits versements successifs. Les bénéfices se répartissent suivant le montant de ces parts ou leur sont ajoutés, jusqu'à ce qu'elles aient atteint un chiffre normal fixé par les règlements ; on obtient ainsi la formation d'un capital toujours grossissant.

4) Les droits d'entrée dans la société et une partie des bénéfices servent à former une réserve destinée à couvrir les pertes.

5) Les capitaux nécessaires au fonctionnement de la banque sont empruntés à des personnes étrangères, sous la garantie du crédit commun et de la solidarité de tous les membres.

6) Le nombre des membres est illimité et l'entrée en est accordée à toutes les personnes qui satisfont aux conditions générales des statuts ; chacun est libre de s'en retirer, pourvu qu'il fasse connaître son intention dans un certain délai.

Les dispositions 3 et 5 sont inséparables l'une de l'autre et ont pour but d'assurer l'acquisition du capital nécessaire au fonctionnement de la banque. Sans la formation d'un fonds social consolidé, composé : 1° des quotes-parts restant la propriété individuelle des membres, mais ne pouvant être retirées tant qu'ils font partie de la société, et 2° d'une réserve, les affaires de nos sociétés manqueraient d'une base solide, et le public qui entrerait avec elles en relation courrait de grands risques aussi bien que les sociétaires eux-mêmes.

Il était important de former d'abord peu à peu une partie du capital d'une manière accessible aux personnes peu aisées, au moyen de petits versements hebdomadaires ou mensuels ; ce capital s'accroît encore par l'addition des dividendes et cette dernière disposition est un aiguillon extrêmement actif pour stimuler le zèle des sociétaires et les engager à compléter leur quote-part, puisque les dividendes se répartissent suivant le montant des parts individuelles.

On manquerait cependant le but essentiel de l'association si l'on voulait se borner à cette ressource qui ne procure des fonds que lentement et peu à peu. Elle ne suffit pas pour satisfaire complétement les besoins pécuniaires des membres, ainsi que le prouve l'état presque stationnaire de certaines sociétés bornées aux épargnes de leurs intéressés. Le point capital consiste à attirer l'argent étranger, afin de pouvoir ouvrir au petit commerce les mêmes

sources d'argent et de crédit dont le haut commerce
a eu jusqu'à présent la jouissance exclusive et qui
assuraient en partie sa supériorité ; limité, en effet,
aux seuls capitaux des chefs d'industrie, le grand
commerce serait loin de déployer la puissance avec
laquelle nous le voyons se développer. Il s'agit donc
d'organiser une base de crédit qui engage le public
à déposer son argent dans les caisses de nos sociétés comme en un lieu sûr et commode, et ce but
a été atteint d'une manière vraiment surprenante
au moyen de l'engagement solidaire de tous les
membres des sociétés qui contractent des emprunts
et des engagements. Qu'un ouvrier ou un artisan
peu aisé se présente seul, le crédit se ferme régu-
lièrement devant lui ou ne lui est accordé que d'une
manière insuffisante et sous les conditions les plus
défavorables. En effet, la mise en valeur de ses
forces et de son travail, qui est pour ainsi dire sa
valeur économique et son unique moyen de tenir
ses engagements envers son créancier, dépend de
trop de chances diverses qui sont en dehors de la
volonté de l'ouvrier et échappent à tout contrôle du
créancier ; aussi ce dernier ne trouve-t-il jamais
aucune sûreté dans le placement de son argent.
Mais les choses changent de face aussitôt que des
groupes de travailleurs se réunissent et se portent
tous caution des pertes que les créanciers peuvent
éprouver avec l'un d'eux ; la responsabilité n'est
plus une charge bien lourde lorsqu'elle est ainsi
répartie sur un certain nombre de personnes.

— 28 —

L'homme qui, dans son isolement, était sans crédit, obtient tout le crédit nécessaire lorsqu'il s'associe à un groupe et qu'il justifie cette confiance par sa fidélité à remplir les engagements de la société et par sa conduite morale et professionnelle. L'organisation, basée sur ces principes si simples, s'est réalisée dans nos sociétés avec un tel succès que presque toutes ont su, en peu d'années, gagner la confiance complète du public ; non-seulement elles ont pu satisfaire à leurs besoins par des emprunts ou par des dépôts volontairement offerts, mais plusieurs d'entre elles sont même en état de prêter leurs excédants, et cela par sommes de quelques milliers d'écus, à d'autres sociétés moins favorablement placées.

Nous allons maintenant résumer dans un tableau les principaux résultats obtenus depuis 1859 par nos sociétés, afin de mettre en lumière la grandeur de leur progrès.

	Nombre des soc. connues du syndicat.	Nombre des rap. envoyés	Nombre des sociétaires	Avances et Renouvellements.	Parts des sociétaires.	Réserves.	Emprunts.	Comptes de dépôts.
				Thalers(*)	Thalers	Thalers	Thalers	Thalers
1859	183	80	18 676	4131446	246001	30845	501795	512350
1860	257	133	31.603	8478189	462012	66865	1069833	1322494
1861	364	188	48.760	16876009	799375	107238	1983441	2649086
1862	511	243	69.202	23674261	1199545	132893	3441033	2747577
1863	662	339	99.175	33917948	1803203	218047	5641820	3416220

Comme le nombre des sociétés en activité s'élève à plus de 600, et que le tableau ci-dessus ne comprend

(*) Le thaler vaut 3 fr. 75 cent.

pas les opérations d'environ 250 sociétés, on peut estimer, sans exagération, le montant total des avances à 40 millions de thalers (150 millions de francs), le capital appartenant aux sociétaires à 2 3/4 millions (10 millions de fr. environ), les sommes empruntées à 12 millions (45 millions de fr.), et le nombre total des membres à 125,000. Cette estimation est plutôt au-dessous qu'au-dessus de la réalité.

Les progrès ne sont pas moins évidents sous le rapport de la consolidation intérieure, ainsi que cela ressort des moyennes suivantes. Le fonds de roulement, qui s'élève à 11,069, 610 thalers (41 à 42 millions de francs), s'est renouvelé trois fois dans l'année, ce qui est un mouvement tout à fait normal, puisque plusieurs sociétés des plus importantes font des prêts à 6 mois. Mais deux symptômes doivent surtout nous réjouir : le premier est l'accroissement soutenu des capitaux particuliers de l'association. Il s'élève, pour 1863, à :

1,803,203 th. p. les parts des intéressés.
218,044   pour la réserve.

Total : 2,021,250 th. (7 millions 500,000 fr.).
tandis que les capitaux étrangers empruntés par les sociétés se montent à :

5,641,820 th. en emprunts.
3,416,220   en comptes de dépôts.

Total : 9,058,040 th. (33 millions de francs).

La proportion entre les capitaux des sociétaires et les capitaux étrangers est en moyenne de 22 1/2 0/0, ce qui indique un accroissement de 3/4 0/0 des capitaux particuliers des sociétés, quoique la moitié de nos sociétés ne comptent pas plus de trois années d'existence et commencent seulement à avoir une marche régulière et assurée. Il faut surtout faire ressortir un fait que nous avons déjà signalé plusieurs fois : chez 57 sociétés qui n'en sont qu'à leur première année d'existence, et dont les comptes rendus n'embrassent les opérations que d'une année à peine, la proportion entre les capitaux des sociétaires et les fonds étrangers s'élève néanmoins à 20 p. 0/0. En effet, ces 57 sociétés possèdent :

67,405 th. en part des soc.
12,029 » en réserves.

Total du fonds particulier 79,434 th.
tandis que le capital étranger dont elles sont débitrices se compose de :

310,756 thal. en emprunts.
82,414 » en comptes de dépôts.

Soit. 393,170 thal.

Cette proportion est des plus satisfaisantes, puisque nous regardons comme suffisante dans les commencements une proportion de 10 p. 0/0 des capitaux propres aux sociétés, vu que le système de nos sociétés ne suppose qu'un accroissement assez lent de ces fonds particuliers. Si l'on peut constater, sous un rapport aussi important, quelques défectuosités dans la situation de nos sociétés, il faudrait plutôt les chercher dans quelques-unes des plus anciennes, qui, en dépit des avertissements répétés de l'auteur de ce rapport, n'ont pas su s'imposer de sages limites dans l'acceptation des capitaux étrangers.

Le second symptôme réjouissant est la proportion existant entre les emprunts proprement dits remboursables à époques fixes et les comptes de dépôts, pour lesquels on ne fixe malheureusement pas d'époque de remboursement ou tout au moins des termes trop rapprochés. Depuis l'année dernière, ces derniers ont subi une diminution salutaire, grâce aux avertissements sérieux et répétés du syndicat et à la crise survenue dans la société d'épargnes et d'avances de Dresde. Les conditions imposées aux comptes de dépôts tendent à se régler d'après des principes plus sages.

Tous les résultats constatés dans les tableaux, comme intérêts de l'actif et du passif, frais d'administration, etc., sont dans un état tout à fait normal ; il en est de même des profits et pertes, bien que ce dernier article se solde par la somme considérable de 66,748 thalers. Il faut cependant en déduire la somme de 58,000 thalers qui, par les motifs que nous allons indiquer, retombe sur la seule société de Dresde, en sorte que la perte totale se ramène à 8,000 thalers environ, chiffre qui n'a aucune importance et qui a déjà été couvert par les bénéfices.

Il ne nous reste donc plus qu'à revenir sur la catastrophe de la société de Dresde, que nous avons déjà si souvent présentée comme un exemple et un avertissement pour les autres sociétés. L'année dernière, cette affaire paraissait définitivement arrangée et la confiance semblait devoir renaître, puisque les cent mille thalers de déficit avaient été couverts par la réserve et par les parts des sociétaires. Mais au commencement de cette année, survint une nouvelle perte de 58,000 thalers, causée par la non-valeur d'une créance hypothécaire et par la fuite d'un débiteur. A cette perte s'ajouta un déficit encore inexpliqué de 7,000 thalers, provenant sans doute d'une mauvaise tenue des livres, et quoique le caissier se soit reconnu responsable de cette somme, il est douteux que la société puisse résister à de pareils échecs. C'est un devoir pour nous de présenter encore de sérieuses réflexions sur un événement aussi déplorable.

Il est incontestable que cette catastrophe est due à deux causes principales, l'une à une organisation vicieuse de la société, l'autre à une mauvaise administration.

L'auteur regarde comme une institution essentiellement vicieuse la faculté accordée par les statuts au comité d'engager la société d'une manière illimitée par l'acceptation de capitaux étrangers. Malheureusement le gérant de la société, M. Schœne, fut encouragé dans cette voie par une décision de l'assemblée générale tenue à Gotha en 1860 ; malgré l'opposition du syndicat, l'assemblée accorda aux comités une compétence absolue, tandis que maintenant tous les gérants de nos sociétés sont convaincus de l'illégalité de cet arrêté et des dangers d'une pareille disposition. Comment peut-il en effet se faire qu'un homme, pour peu qu'il soit doué de quelque jugement et de quelque prudence, puisse adhérer à une société du passif de laquelle il se porte solidairement responsable, alors qu'il n'a pas le moindre droit à limiter la somme des engagements de cette société et qu'il ne peut même en connaître le montant ! — Sans doute on ne peut exiger que les directeurs d'une société recourent pour chaque emprunt à l'approbation d'une assemblée générale, parce que la chose serait impossible avec un certain mouvement d'affaires, et que la somme des engagements varie suivant les besoins et la situation de la société. Mais ces exigences, inhérentes à la nature même des banques, peuvent fort bien s'accorder avec la garantie que nous n'avons cessé de recommander à nos sociétaires, et qui consiste à poser, une fois pour toutes, le règlement suivant :

« De temps à autre, sur la proposition de l'assemblée générale, il sera fixé, pour les sommes à emprunter, un maximum que le comité ne pourra dépasser. »

Cette disposition adoptée par les statuts de la

société de Delitsch et de plusieurs autres, permet à chaque sociétaire de se rendre compte de la somme des engagements et lui donne la faculté de se retirer à temps, lorsqu'il juge que ces engagements dépassent la limite raisonnable. D'un autre côté, pourvu que ce maximum ne soit pas trop restreint, on ne gêne en rien la liberté nécessaire au comité, qui peut toujours demander une modification de ce maximum, si les circonstances l'exigent ; si cette demande est suffisamment motivée, l'assemblée générale ne fera jamais aucune difficulté de l'accorder, puisque chaque sociétaire est directement intéressé à donner plus d'extension aux affaires, à trouver de plus grandes ressources pour satisfaire ses besoins de crédit, et à augmenter la part de bénéfices qui doit lui revenir. De cette manière, lorsque l'examen des modifications projetées est soumis au contrôle et aux délibérations de l'assemblée, lorsqu'un exposé des motifs lui est adressé, tous les sociétaires apportent un intérêt plus vif aux affaires de la société ; tous, même les moins familiarisés avec ces matières, acquièrent une intelligence toujours croissante du but et des moyens de la tâche commune, et c'est là un point qui mérite d'être pris en sérieuse considération, et qui est encore trop dédaigné par certaines sociétés, lesquelles ont une véritable peur de la convocation fréquente des assemblées générales, sans songer que les inconvénients et les frais sont largement compensés par les avantages. L'exemple de la société de Delitsch, qui opère conformément à ce principe, montre que, loin de gêner ou d'arrêter les affaires, il exerce sur leur marche la plus heureuse influence. A la fin de 1858, le fonds de roulement de cette société était de 12,986 thalers (50,000 fr.), sur lesquels 7,762 provenaient d'emprunts ou de dépôts, bien que le comité eût l'autorisation de porter ce dernier chiffre à 10,000 thalers, si le besoin s'en faisait sentir. Les affaires ayant pris une extension considérable au commencement de 1859, la première assemblée générale porta à 20,000 thalers la somme que le comité était autorisé à emprunter, et à la suite de cet arrêté, le passif s'éleva à 14,000 thalers. Lorsque, au printemps et au début de la guerre d'Italie, une crise financière se manifesta, l'assemblée extraordinaire convoquée à la fin de mai décida qu'il convenait de restreindre, pour le moment, l'extension des affaires, et réduisit à 15,000 thalers le maximum précédemment fixé. A la fin de 1859, la caisse ne devait à des étrangers que la somme de 13,311 th., preuve qu'on ne fit pas même usage de toute la somme que l'on était autorisé à emprunter. Le comité conserva la plus entière liberté pour ses opérations, et la mesure prise par l'assemblée n'eut d'autre résultat que d'augmenter la confiance, soit des sociétaires, soit du public et surtout des créanciers de la société ; la crise financière, loin d'affaiblir le crédit de la société ne fit que lui donner de nouvelles forces.

Si le même principe eût prévalu à Dresde, il est extrêmement probable que l'intervention des membres eût mis un frein à l'extension hasardée des affaires, causée par l'exploitation illimitée du crédit offert à la société, et qu'on aurait ainsi évité la catastrophe ; il faut encore signaler l'acceptation de prêts sans échéance fixe ou à termes trop courts comme une des causes qui ont augmenté les embarras ; en effet, toute crise a pour résultat inévitable de provoquer les demandes de remboursements immédiats, et nous appellerons sérieusement l'attention des sociétés sur ce point.

Le comité de Dresde mérite aussi de graves reproches ; en dépit des pouvoirs trop étendus accordés au directeur, il aurait cependant pu et dû, par un contrôle convenable, empêcher celui-ci de dépasser ses pouvoirs réglementaires et de prendre même quelquefois des dispositions arbitraires qui ont plus tard amené des pertes si considérables. Notons de plus que les appointements du directeur se composaient d'un tantième sur les revenus de la société, sans fixation aucune d'un maximum qu'ils ne devaient pas dépasser ; cette absence de toute limite l'a entraîné dans les affaires les plus hasardées. Autant nous regardons comme un principe juste de rémunérer convenablement le gérant au moyen d'un tantième pris sur les bénéfices, autant nous insistons sur la fixation d'un maximum, dès que la société opère sur des sommes considérables, si l'on ne veut pas provoquer de pareils désordres. Ainsi la rémunération du comité de Dresde , sur le pied de 36 2/3 0/0 des bénéfices bruts, s'élevait pour 1861 à 17,822 thal. 17 gros, sur lesquels le gérant a dû retirer pour sa part près de 10,000 thalers.

En aucun cas, les actes abusifs du gérant n'auraient pu rester ignorés des membres du comité, s'ils avaient usé sérieusement du contrôle qui leur était accordé. S'ils se fussent opposés énergiquement à ces actes dès le principe et si l'on eût soumis à temps l'état des choses à l'assemblée générale, jamais les pertes n'eussent pu atteindre un pareil chiffre. Nous touchons là un sujet qui mérite le plus sérieux examen chez plus d'une de nos sociétés. Il arrive parfois que les personnes faisant partie de l'administration et du comité, vivent entre elles dans des rapports si étroits, éprouvent une telle confiance les unes pour les autres et se témoignent mutuellement tant d'égards, qu'elles cèdent à des ménagements fort déplacés, lorsque l'une d'elles vient à encourir un blâme ; alors, pour éviter des perturbations dans la société, elles croient devoir pallier ou taire un mal, qu'une franche publicité ou une opposition énergique eût empêché de se développer. De pareilles révélations sont sans doute fort désagréables dans une assemblée générale et amènent des scènes regrettables ; mais que l'on réfléchisse combien de tels désagréments sont peu de chose en présence d'une si grande responsabilité ; lorsqu'on a été appelé par l'élection à remplir un poste de confiance, l'honneur et la loyauté commandent impérieusement de ne pas tromper la confiance de ses associés. Aussi les membres du comité et de l'administration doivent-ils exercer un contrôle sévère et incessant et s'imposer le devoir de révéler sans ménagements toutes les irrégularités et toutes les infidélités qu'ils peuvent découvrir. Quelque parfaits que puissent être les statuts d'une société, ils ne servent absolument de rien, s'ils ne sont pas observés avec la plus scrupuleuse exactitude.

VII

DES ASSOCIATIONS INDUSTRIELLES

Cette branche importante de l'association a fait, comme les autres, des progrès incontestables et continus, soit par la création de nouvelles sociétés, soit par l'affermissement et le développement des anciennes; cependant la répugnance que manifestent généralement les sociétés pour la publicité, l'isolement où elles se renferment, les lenteurs et les embarras de leur comptabilité rendent extrêmement difficiles les relevés statistiques. Si, cette année, l'impression hâtive de notre rapport a contribué à restreindre le nombre des comptes rendus, ainsi que nous l'avons déjà remarqué plus haut, cette circonstance s'est fait sentir dans ce genre de sociétés encore plus vivement que dans les autres, parce que la plu-

part d'entre elles, habituées à attendre le dernier
moment pour compléter leurs formulaires, n'ont pas
eu le temps de nous les faire parvenir. Toutefois, un
plus grand nombre de ces sociétés se sont dernière-
ment rattachées au syndicat, en sorte que nous
pouvons espérer d'arriver prochainement à des
communications plus détaillées et plus complètes.

L'augmentation du nombre des associations de
production et de vente nous a permis de séparer,
pour la première fois, les différentes classes de
sociétés. Le syndicat a pu constater l'existence de :

> 134 sociétés pour l'achat des matières pre-
> mières.
> 10 sociétés de vente.
> 7 sociétés de vente et d'achat de matières
> premières.
> 21 sociétés de production.

Total : 172 sociétés, sur lesquelles 21 seulement
nous ont adressé leurs comptes rendus. Le nombre
total de ces sociétés peut être évalué de 225 à
250, le mouvement de leurs affaires à 2 millions de
thalers environ (7 millions 500 mille fr.), leur capital particulier à un demi-million (1 million 850
mille fr.), et le nombre de leurs membres à 12,000.

a) *Sociétés pour l'achat des matières brutes.*

Ces sociétés se composent, en général, d'un
groupe d'industriels ou d'artisans qui se réunissent
pour l'achat en commun des matières brutes. Après

les avoir mises en œuvre, ils se les répartissent
entre eux au prix du gros. Ces associations, entre
personnes exerçant la même industrie, forment la
majorité, et nous avons déjà exposé dans nos rapports précédents les raisons qui expliquent ce fait.

Voici quels sont les points principaux de leur
organisation :

1) Le capital nécessaire à l'achat des matières
premières est emprunté sous la garantie solidaire
de tous les membres, ou bien les marchandises
sont achetées à crédit sous la même garantie.

2) Les marchandises du dépôt commun sont livrées aux sociétaires avec une augmentation de 4
à 8 0/0 en moyenne sur le prix d'achat. Les bénéfices résultant de cette augmentation de prix servent
à couvrir les frais de l'association, tels que : intérêts payés aux créanciers, frais d'administration,
loyer du local et traitement des employés. On obtient, en outre, ordinairement un bénéfice net assez
important, qui est réparti entre les sociétaires au
prorata des sommes versées par chacun d'eux dans
la caisse de la société pendant le cours de l'année,
pour les marchandises qu'il a employées.

3) Il existe un fonds particulier, divisé en réserve
et en parts individuelles ; il s'obtient par la retenue
des bénéfices assignés aux sociétaires, et dans la
plupart des sociétés récemment fondées par les versements mensuels des membres, ainsi que cela se
pratique dans les sociétés d'avances.

4) Les employés, surtout le magasinier, le cais-

sier et le contrôleur, sont rétribués au moyen d'un tantième du produit des ventes ; dans les associations pour l'achat des matières premières proprement dites, ce tantième est de 2 à 3 0/0, mais le magasinier (en tant qu'il ne s'agit pas d'un magasin de vente pour le public) doit fournir le local où les marchandises sont déposées et se charger de les livrer aux sociétaires. L'administration prélève environ 3 1/2 à 4 0/0, pour tous les autres frais, en sorte qu'il ne reste que 2 à 3 0/0 de bénéfice net. Cependant, comme le capital se renouvelle 2, 3 ou 4 fois dans l'année, ce qui porte ce bénéfice à 8 ou 10 0/0, il reste un excédant assez satisfaisant, même après déduction de 4 à 5 0/0 pour les intérêts du capital, dès que les affaires sont conduites avec ordre et avec intelligence.

b) *Associations de vente.*

Ces sociétés se composent d'un certain nombre d'artisans ou d'industriels qui se réunissent pour établir en commun un magasin destiné à la vente ; chaque membre a le droit d'y exposer ses produits et de les faire vendre pour son compte particulier ; ces sociétés n'existent encore que chez les ébénistes et les tailleurs qui ont établi des magasins de meubles et de vêtements. Lorsque les marchandises exposées sont vendues pour le compte commun, au lieu de l'être pour le compte particulier de chaque sociétaire, les sociétés ne peuvent être rangées dans cette classe, et rentrent dans la classe suivante.

Il serait fort à souhaiter, lorsque la chose est possible, qu'on ajoutât à la vente des marchandises confectionnées l'achat en commun des matières premières, ainsi que cela se pratique déjà dans un certain nombre de sociétés.

En poursuivant ces deux buts à la fois ou seulement l'un d'eux, les ouvriers négligent encore beaucoup trop de s'organiser pour louer ou acheter en commun les instruments de travail ou appareils, surtout les machines, dont l'acquisition est trop coûteuse pour un artisan isolé ou qui ne trouvent pas dans un petit atelier un emploi assez fréquent pour donner un revenu suffisant. La première entreprise de ce genre connue du syndicat et dirigée avec autant d'intelligence que de prudence, est la *Nouvelle société d'artisans* à Hambourg, qui a ouvert un magasin de meubles, de miroiterie et de tapisserie et qui achète en commun les matières premières. Elle n'a commencé ses opérations qu'à la fin de l'année dernière, et n'a pu par conséquent envoyer son compte-rendu ; elle s'occupe actuellement de l'acquisition de nouvelles machines perfectionnées, comme scies circulaires, machines à raboter, etc., que les sociétaires utiliseront pour leurs travaux particuliers. De plus, les matières premières seront dégrossies par ces mêmes machines dans le local de la société, et livrées ensuite aux sociétaires qui n'auront plus qu'à leur donner le dernier fini et à les accommoder au genre de travaux qu'ils auront entrepris. Nous aurons en tout cas à revenir sur cette intéressante entreprise.

c) *Associations de production.*

Ces sociétés sont un peu plus nombreuses que l'année dernière, mais leur progression est très-lente ; on ne doit ni s'en étonner, ni le regretter, pour peu que l'on connaisse les conditions d'un développement rationnel de cette branche de l'association, la plus difficile de toutes. En dehors des motifs déjà présentés plusieurs fois par l'auteur, il faut tenir compte de cette circonstance, que l'organisation des sociétés de consommation est chez nous de date toute récente, et que ce sont ces sociétés qui ouvrent la voie la plus facile et la plus sûre à l'établissement des associations de production. Nous avons reçu, sur les débuts de quelques sociétés de fondation récente, des détails qui permettent de former les meilleures espérances sur leur avenir, quoique nous ne possédions pas encore de comptes rendus complets, vu que le premier exercice n'est pas encore clos. On peut, du moins, reconnaître chez presque toutes une tendance louable à donner une base solide à leurs opérations au moyen d'un fonds spécial, proportionné au chiffre de leurs affaires et formé par les épargnes des sociétaires ; leur développement ultérieur dépendra de deux conditions essentielles. D'abord, la pression que les circonstances politiques exercent sur le commerce, pression qui n'est pas de nature à favoriser les débuts de nouveaux établissements. En second lieu, et c'est là un point important, pour toutes les associations, mais qui naturellement pèse encore plus sur celles de production, le succès, même au milieu des circonstances extérieures les plus favorables, dépend de la réponse aux deux questions suivantes : trouvera-t-on des personnes convenables pour diriger ces entreprises? un esprit de véritable union et de subordination animera-t-il tous les membres de l'association, en sorte qu'ils se soumettent volontairement à la direction et à l'ordre établis par eux-mêmes? En effet, l'unité et la fermeté de la direction sont les premières conditions de réussite dans de pareilles entreprises qui exigent une grande capacité chez les directeurs, et une intelligence éclairée chez les ouvriers, tous co-propriétaires de l'établissement. C'est là une grande difficulté, on ne saurait se le dissimuler ; mais nous avons eu le plaisir de la voir déjà heureusement surmontée, lorsqu'on ne l'abordait pas sans avoir fait un certain apprentissage, et sans s'être formé à l'esprit et à la pratique de l'association ; cette initiation ne peut avoir lieu que dans les sociétés dont l'organisation est plus facile et moins compliquée.

Quant à la forme légale à donner à ces associations de production, il faut user d'une grande circonspection. Tandis que les autres sociétés n'ont d'autre but que de satisfaire aux besoins de leurs membres, celles-ci s'adressent au public et tombent ainsi dans la catégorie des sociétés de commerce régies par le code général de commerce ; elles sont

donc soumises aux dispositions de ce code et
doivent prendre une des formes qu'il reconnait.
Nous avons déjà énuméré, dans notre rapport de
1862, toutes les formalités, les difficultés et les
frais qui attendent les sociétés, et nous avons com-
muniqué à nos lecteurs le projet de loi présenté
par l'auteur à la chambre des députés de Prusse,
projet de loi qui a pour but d'adapter les dispositions du code de commerce à la nature de nos sociétés. Tant que ce projet de loi ou quelque autre
semblable n'aura pas été adopté, il ne reste d'autre
moyen que de chercher à éluder, autant que possible,
les difficultés actuellement existantes par le fait de
la loi.

L'expédient le meilleur est que l'une, ou mieux
plusieurs des personnes désignées par la direction
forment entre elles une société commerciale, dont
les autres membres sont sociétaires anonymes
d'après l'article 250 du code de commerce. Le
remplacement des chefs de la société, en cas de
mort, d'exclusion, etc., nécessite les plus grandes
précautions dans la rédaction des statuts, parce que,
dans ce cas, le code prononce la dissolution de la
société. L'auteur a adopté cette forme dans les statuts de l'association des tisseurs de châles qui s'est
fondée cette année à Berlin ; le fondateur de cette
société, M. Petri, est seul indiqué comme proprié-
taire et n'a auprès de lui qu'un fondé de pouvoirs ;
Cette disposition est, du reste, toute provisoire, et
si la législation n'est pas modifiée, des personnes

de confiance s'associeront à la raison sociale après une première expérience. Les sociétés des fabricants de cigares et de lampes, qui ne comptent chacune qu'une dizaine de membres, ont pris, l'une la forme de la simple société commerciale, l'autre celle de la société en commandite ; mais un accroissement du nombre des sociétaires rendrait ces dispositions impossibles. Les personnes qui se joindraient à ces sociétés ne pourraient être que de simples intéressés, quoique les statuts leur aient réservé le droit d'un certain contrôle dans les affaires.

Nous avons déjà noté dans nos rapports précédents que dans les associations de production les dividendes se répartissent d'après le montant des parts individuelles, parce que dans ces sociétés il importe avant tout de former rapidement un capital assez considérable, et que les membres ne sont pas eux-mêmes les clients de l'entreprise, comme c'est le cas pour les associations destinées à l'achat des matières brutes. Nous n'avons rien de particulier à signaler dans les comptes rendus de ces sociétés, dont l'un ne comprend que les six premiers mois écoulés depuis l'ouverture de la société.

Nous ne pouvons cependant nous empêcher de dire quelques mots de l'entreprise la plus importante en ce genre, de la compagnie allemande de mécaniciens à Chemnitz ; elle se compose d'environ 400 ouvriers employés dans les grandes usines de cette ville, et possède un capital de 13 mille thalers, formé de leurs épargnes de plusieurs années. Sur ces 13 mille thalers, 11 mille sont en actions de 25 thalers, 2 mille proviennent d'épargnes extraordinaires de quelques ouvriers, et un négociant qui s'est joint à la société et prend part à l'administration, a en outre fait un versement de 5 mille thalers. La société fonctionne depuis plus de six mois et a acheté dans la ville même de Chemnitz, pour le prix de 31 mille thalers, un terrain couvert de constructions et garni d'appareils et d'une machine à vapeur ; 55 actionnaires travaillent déjà comme ouvriers dans leur propre fabrique. Cette société a, comme toutes les autres, rencontré de grandes difficultés à ses débuts, et sous tous les rapports, il eût été plus sage d'attendre encore 2 ou 3 ans, soit pour augmenter le capital de quelques milliers de thalers, soit pour laisser passer la crise commerciale. Quelque avantageuse qu'ait été l'acquisition de ce terrain, elle a cependant absorbé et immobilisé la plus grande partie du capital existant, déjà trop faible pour un établissement de cette importance. Quoique les commandes avantageuses n'aient pas manqué, et que plusieurs aient déjà été exécutées, les rentrées ne se font cependant qu'à des termes éloignés, comme c'est l'usage actuel du commerce, et il est arrivé que la demande d'un second versement de 4 mille thalers sur le prix d'acquisition du terrain a compromis l'existence de la société, malgré la situation prospère de sa balance. A cette occasion, il est utile de répéter à nos sociétés que les meilleures créances ne remplacent pas l'argent comptant, nécessaire au paiement des billets échus.

Cependant les associations allemandes et surtout les sociétés saxonnes d'avances et de crédit, dont l'état est si prospère, ne laisseront pas dans l'embarras ces braves gens qui, malgré la faute bien excusable qu'ils ont commise, ont montré tant d'abnégation, de persévérance et d'intelligence dans la direction de leurs affaires Bien que ne faisant pas encore partie de notre alliance, ils se sont adressés avec confiance au syndicat qui a pris leur affaire en mains et ne tardera pas à les sortir d'embarras, grâce à la coopération de l'excellent directeur de l'*Union saxonne*, M. Frohner, de Wechselburg.

L'association des tisseurs de Berlin mérite le même intérêt et repose sur des bases plus solides. Les individus dont elle se compose, travaillaient jusqu'ici dans leurs ateliers particuliers et sur leurs propres métiers ; ils n'étaient en réalité que des manœuvres, puisqu'ils recevaient du fabricant en gros les matières premières ainsi que les modèles, et étaient payés à tant la pièce pour l'ouvrage exécuté. Suivant l'exemple de l'association plus ancienne des tisseurs de châles de Berlin, 64 de ces tisseurs se sont réunis pour établir un atelier commun et ont remplacé, avec un grand succès, la fabrication des couvertures et des plaids, par celle des châles longs français. Afin de ménager le capital de 1,500 thalers qu'ils avaient réuni et de ne

pas contracter de trop forts engagements, ils vou-
lurent commencer modestement et faire d'abord un
essai ; ils se contentèrent d'établir quatre métiers
pour le compte de la société, et les autres membres
restèrent dans leur ancienne position. Mais la bonne
qualité et le bas prix de leurs produits, que nous ne
saurions recommander trop vivement à tous les
amis du système d'association, leur ont acquis une
excellente clientèle, et l'on songe déjà à donner
plus d'extension aux affaires.

VIII

ASSOCIATIONS DE CONSOMMATION

Ces sociétés n'existent jusqu'à présent que dans
de grandes villes, comme Berlin, Cologne, Elber-
feld, Barmen, etc., ou dans des districts où la population ouvrière se trouve extrêmement condensée,
comme dans la Prusse rhénane et dans la Westphalie ; ce fait se comprend sans commentaires et
doit précisément nous faire espérer une rapide extension de ces sociétés. Nous avons, du reste, ex-
primé déjà, dans nos précédents rapports, le désir
que les débuts de ces sociétés, surtout dans des
villes comme Berlin, soient petits et modestes, afin
qu'elles s'établissent sur des bases solides.

Une grande activité s'est manifestée depuis l'année dernière dans cette branche de sociétés dont le nombre existant en Allemagne est actuellement de 70 environ. Les comptes rendus de 16 de ces associations, que nous avons sous les yeux, nous apprennent que le nombre de leurs membres a été dans le cours de l'exercice écoulé de 1854 et que le montant des fonds a été, dans ces 16 associations, de 17 à 18 mille thalers (65 à 70 mille fr.).

FIN.

Chanoine, imprimeur à Lyon.